선녀금붓꽃

숲속에 핀 우리 야생화

선녀금붓꽃

김성호 지음

청파랑

머리말

어려서부터 꽃과 나무들을 퍽 좋아했다. 남들보다 식물 이름을 하나라도 더 알게 되어 지금은 거의 취미수준이 되었다.

3년 전 우연한 기회에, '꿈꾸는 숲'이라는 교육기관에서 숲해설가 교육을 5개월여 받고 수료하였다. 같이 교육받은 30여명의 다양한 동기들과의 참신한 인연이 참 좋았었고, 지금도 내가 대표를 맡아 동기모임을 지속하고 있다. 개설한 밴드를 통해 일상을 나누고 있으며, 가끔 숲에서 모여 세이버링(savoring)을 한다.

'세이버링이 뭐지?' 하겠다.

그 숲학교에서 교육받는 내내 세이버링이란 말을 귀 따갑게 들었고, 결국 그것을 잘해내야 점수를 획득하고 숲해설가 자격증을 딸 수 있었다. 단순관찰(observation)보다 더 진중하게 감성적으로 음미하며 살피는 것을 말하는데, 3년이 지난 이제야 그 참 뜻을 조금 알 것 같다.

어떤 식생에 대해 단순히 이름을 알고 대충 관찰하는 게 아니라, 집요하게 애정을 가지고 총체적으로 음미하는 것이며, 인상주의 화가 모네(Claud Monet)가 '건초더미 연작'을 그리듯 꾸준한 관찰로 식생의 변용을 포착해내는 것이다. 그래서 결국에 그 살피는 식생과 동화되어 감성적으로 하나가 되는 것이다. 그 숲학교에서 그 좋은 개념을 잘 배우게 된 것을 늘 고맙게 생각한다. 우연히 선녀계곡에서 금붓꽃들을 만나 세이버링을 하게 됐고, 잡다한 내 얘기들을 덧붙이게 됐다.

부디 생전 처음 써보는 어설픈 글을 곱게 봐주길 바란다. 글을 읽는 모든 사람들이 꼭 선녀계곡에 와서, 금붓꽃들을 만나기를 열망하는 마음에서 창피를 무릅쓰고 글을 썼다는 것을 알아주길 바란다.

2021. 10 김 성 호 드림

| 차례 |

인연·因緣

양평 소리산 경기도 양평군 단월면 산음리와 석산리에 있는 산으로 높이는 479m이다. 예부터 산 속 바위벼랑에 수리가 서식했다고 하여 수리산으로 부르다가 소리산으로 바뀌었다는 이야기가 전해진다. 인근 봉미산과 종자산이 토산(土山)인 것과 달리, 정상과 주능선이 바위로 이루어졌고, 특히 산음천에 면한 쪽은 바위절벽으로 형성되었다. 바위 능선으로 인해 계곡이 단애 협곡을 이루어 경관이 빼어나며, 절벽의 높이는 거의 200m에 이른다.

소리산의 조붓한 오솔길
5월 2일 09시45분 맑음

계곡 입구 넓은 돌 징검다리를 건너는데, 아직 지지 않은 야광나무* 꽃의 상큼한 향이 약하게나마 풍겨온다. 환한 흰 꽃들과 꽃 향을 내년 봄에 다시 만나야 된다고 생각하니 못내 아쉽다. 자주 찾는 이곳은, 경기도 양평군 단월면 석산리에 위치한 소리산* 자락 600여 미터의 계곡, 조붓한 오솔길이다. 계곡 입구에 있는 약간의 평지는 얼레지* 밭이다. 지난 3월에 수십 개체가 빼곡히 잎을 내고 꽃을 피웠다. 지금은 씨앗을 맺고 있는 끝물이다.

---

* 상세정보는 부록에 수록되어 있습니다.

계곡 물을 두 번 건너 150여 미터 되는 곳에서 479미터 소리산 정상으로 오르는 등산로가 시작된다. 대부분의 등산객들은 그리로 오르고 내려온다. 이정표 우측의 선녀탕 표시를 따라 계곡 쪽으로 쭉 가는 곳이 내가 선녀계곡이라고 이름붙인 곳이다. 선녀탕은 크게 볼만한 게 없는데 내가 선녀계곡이라고 명명한 것은, 나중에 다시 얘기하겠지만 그럴만한 이유가 있다.

오늘도 선녀계곡에는 길가에 많은 멸가치*가 잎을 키우고 있고, 벌깨덩굴* 참꽃마리* 당개지치* 미나리냉이* 등이 꽃을 피우고 있으며, 늦둥이 큰구슬붕이* 몇 개체가 보인다.

낮은 씨방, 근처에만 씨를 퍼뜨림
5월 8일 10시30분 맑음

오솔길에 스치는 병꽃나무* 꽃향기가 은은하다.

3월부터 선녀계곡에 많은 꽃들이 피고 지고 있는데, 그저 보고 지나칠 뿐이다.

언제나 나의 관심은 금붓꽃이다.

오늘은 금붓꽃 줄기들을 줄자로 길이를 잿다.

꽃을 피웠던 줄기는 15센티미터 정도에서 성장을 멈추고 있고,

다른 줄기들은 30~40센티미터로 왕성하게 자라고 있다.

꽃을 피웠던 개체들은 줄기 중간 7~8센티미터 정도에 씨방이 자리를 잡고 있다.

20210508

오늘 발에 심하게 밟힌 씨방 하나를 떼서 봤다.

삼각뿔 형태의 세 개의 방으로 이루어진 씨방에

흰 참깨알 같은 것은 씨들이 가득하다.

대개 붓꽃과의 다른 꽃들은 꽃 진 자리 바로 밑, 위쪽에 씨를 맺는다.

금붓꽃은 특이한 구조인 것이다. 몇 달 관찰해보니,

금붓꽃은 양달의 계곡가 통풍이 좋은 곳에서 자라고 있었다.

계곡을 오르는 왼쪽 양지 쪽에 천여 개체가 있는데 반해,

개울 건너 우측 응달에서는 십여 개체밖에 보지 못했다.

20210508

금붓꽃은 씨방을 낮게 있게 해서
환경이 맞는 근처에만 씨앗을 퍼지게 하는
전략을 쓴다. 주변 계류에 많은
단풍나무과의 신나무*를 닮은 것이다.
신나무의 프로펠라 열매의 각은
좁거나 아주 붙어 있다.
씨가 멀리 날아가면 적절한 환경에서
벗어나기 때문이다. 다음엔 호미와 물조리개를
가져와서 심히 밟힌 금붓꽃들을 옮겨줘야 되겠다.

20210508

상생하는 금붓꽃
5월 12일 10시10분 흐림

오솔길 주변에 늦게 핀 졸방제비꽃*들이 많기도 하고 예쁘다. 꽃이 주로 흰색인데, 드물게 연보라색 꽃도 피어있다. 며칠 새 건강한 금붓꽃 줄기들은 40~50센티미터까지 자라고 있다. 호미와 물조리개를 대동하고 금붓꽃 몇 무더기를 옮겨주면서, 뿌리들을 유심히 보았다. 가는 뿌리줄기와 수염뿌리들이 엉켜 있었다. 꽃을 피웠던 줄기의 뿌리랑 새롭게 줄기를 왕성하게 키우고 있는 뿌리가 한 덩어리로 어울려져 있다. 옮기는 금붓꽃 뿌리에 다른 나무들의 뿌리에도 엉켜 있었으며, 나무뿌리의 뿌리혹들도 같이 있다. 나무들과 공생하고 있는 것이다. 무엇을 주고 무엇을 받는지는 모르겠지만, 건강한 뿌리들 모습이다.

20210512

지난해의 마른 잎들이 아직 붙어 있다. 가는 마른 줄기는 족히 50센티미터는 됨직하다. 금붓꽃은 씨를 익혀 주변에 퍼뜨릴 것이고, 줄기와 잎들은 왕성히 광합성을 해 양분을 뿌리줄기에 차곡차곡 저장할 것이다. 초봄 그 연약한 15센티미터 줄기에서 그 멋진 꽃을 피워 올리려면 많은 양분과 에너지가 필요할 것이다. 이러면 2월부터 관찰해 온 금붓꽃의 한해살이가 대충 짐작된다. 하지만 확실한 한해살이를 정확히 살피기 위해, 겨울 전까지는 계속 관찰할 계획이다.

20210512

인연·因緣

20210414

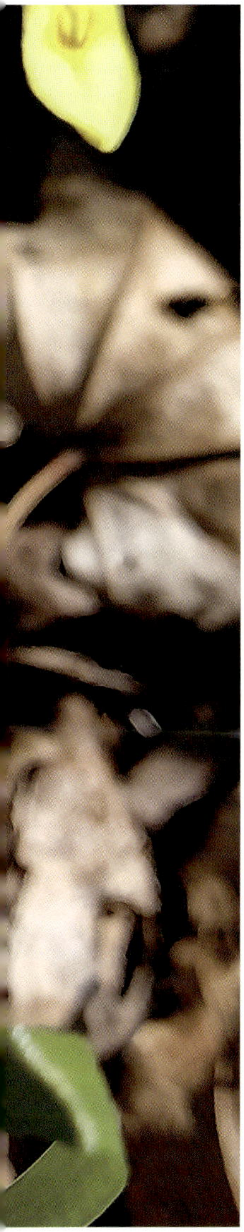

황금색 잔상을 따라서…

금붓꽃을 식물도감에서 보고, 실제로 만나면 '참 멋있겠구나!'라고 늘 생각하고 있었다. 그러다 재작년 4월 18일 같이 숲해설가 공부를 했던 몇 사람들과 선녀계곡에 식물을 관찰하러 갔었다. 계곡 중간에서 딱 한 개체, 꽃 핀 금붓꽃을 처음 만났다. 바로 알아보고 일행들에게 이름을 알려주었다. 나만 알아보고 알려주니 뿌듯하고, 정말 반가웠다.

그리고 작년 4월 29일에 혼자 그 계곡에 갔었다. 혹시 금붓꽃을 볼 수 있으려나 해서다. 하지만 꽃은 없었다. 마침 그날 별다른 일도 없고 해서, 온 김에 더 가보자고 선녀계곡 끝까지 가보았다. 소리산 계곡에 놀러오거나 식물 관찰하러 오는 사람들은 대개 계곡 중간 350미터 지점까지만 간다.

선녀계곡 500미터 지점에 다다르니 진풍경이 펼쳐져 있었다. 큰구슬붕이 수십 개체가 꽃을 피우고, 금붓꽃 백여 개체가 밭을 이뤄 꽃을 피우고 있었다. 황홀해서 숨이 멎을 지경이었다. 집에 돌아와서도 그 멋진 황금색 잔상들이 오래도록 사라지지 않았다.

고등학교 때부터 '에뜨랑제'라는 이름으로 모임을 만들었던 친구들이 지금도 자주 만나고 있다. 작년 5월2일 양평의 우리 집에서 만났다. 꽃을 좋아하는 친구도 둘 더 있어서 모여 점심을 하자마자 금붓꽃 밭을 발견했다고, 끌고 선녀계곡으로 향했다.

20210420

그런데 이게 웬 일인가? 3일 전에 봤던 금붓꽃들이 다 지고 하나도 없었다. 황당하기 그지없었다. 이렇게 많은 큰구슬붕이를 본 것도 큰 행운이라면서 넋 놓고 있는 나를 친구들이 되려 위로해주었다. 한 친구가 자기 지인하고 연락하더니, 금붓꽃은 한 이틀 피고 진다고 말했다. 오기가 발동했다. 그래서 결심했다. 내가 이 금붓꽃을 철저히 관찰하여 끝장을 보고 말겠다고!

이제와 그 때 찍은 꽃 사진을 자세히 보니, 수분이 다 돼 내화피 덮개가 들린 상태로 꽃이 끝물이었던 것이다. 그래도 그렇지, 3일 만에 완전히 자취를 감추다니…. 내 오기를 자극할 만했다. 그래서 올해 2월부터 대략 매주, 3월 중순부터는 3일에 한번, 4월부터는 매일 가서 선녀계곡의 금붓꽃을 끈질기게 관찰하게 된 것이다.

"우리는 거대한 지의류"
2월 14일 13시

살고 있는 같은 면의 삼가리 집에서
선녀계곡까지는 25킬로미터, 차로 약 20분 걸린다.
산을 넘고 산음리와 석산리 계곡을 끼고 가는 길인데,
공기가 청량하고 사철 경관도 빼어나다.
지난주에는 눈도 많이 쌓여 있었고,
산 쪽에서 오솔길을 지나는 계류들이
겹겹이 얼어있어서 기다시피 선녀계곡에 다녀왔다.
눈과 얼음만 보고 온 것이다.
오늘은 계류들이 얼어 있어도
눈이 많이 녹아서 다녀올 만 했다.
크고 작은 바위위에 낀 이끼들과 지의류들, 그리고
개고사리*가 눈에 띈다.

20210214

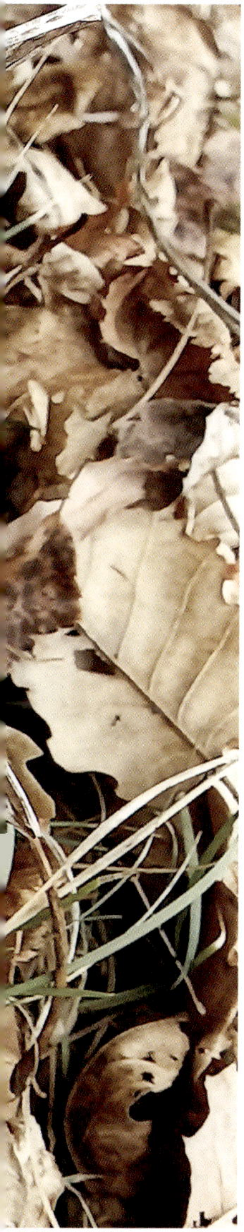

우리의 주인공 금붓꽃은
파릇한 잎들이 나무들 낙엽에 반쯤 덮인 상태에서
짧은 겨울 햇빛을 받아내고 있었다.
잎들은 대개 말라 가늘게 붙어있는데,
몇 녹색 잎들은 눈 속 혹한 속에서도 버텨온 것이다.
개체 일부분이 뿌리들과 함께 월동을 한 것이다.
그렇지 않으면 언제 싹을 내서,
잎을 키워 광합성을 하고, 양분을 조달해,
그렇게 일찍 꽃을 피우겠는가?
일찍 피워낼 꽃을 위해 모든 수단을 동원해
양분과 에너지를 모으고 있었다.

혹한속의 푸른 잎새들
2월 21일 13시

오늘은 여기저기 퍼져있는 금붓꽃 개체들을 보면서, 발걸음으로 대충 계곡 길이를 재보았다. 약 1500보, 내가 작은 키이니 약 600미터 정도이다. 금붓꽃 잎들은 같은 모양으로 있다.

계곡을 나와 차에 올라 전화기를 보니, 지인들로부터 많은 전화가 와 있었다. 계곡 안에서 전화는 거의 불통이다. 그래서 계곡 안에 있을 때는, 자연과 함께 하는 나만의 순수한 시간인 듯해서, 한편으로 좋다는 생각을 가끔 한다. 전화를 해보니 다들 3월 언제 골프하자는 내용들이었다. 5월초까지는 일이 있어서 운동 못한다고 사절을 했다.

20210221

20210221

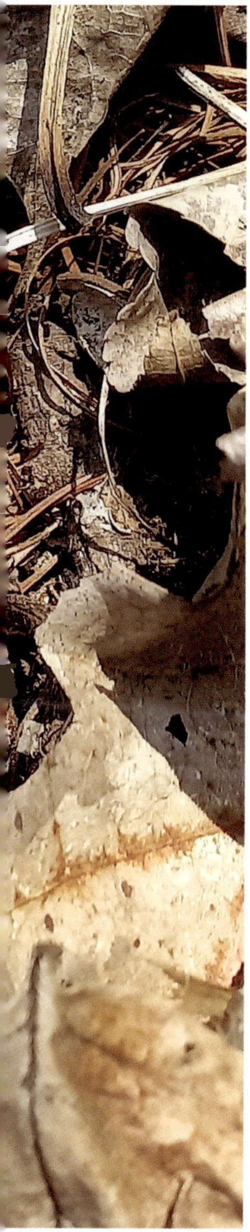

그런데 한 친구가 왜 못하느냐고 집요하게 따져 물었다. 당분간 어느 계곡 600미터를 계속 관찰해야 된다고 했다. 그랬더니 그 친구가 “에게게, 고작 600미터 가지고 뭔 수선 떠냐? 나는 할 일 다 하면서 강북오산도 종주해봤다.” 하는 것이다. 그래도 굴하지 않고 6월부터나 약속을 잡자고 했다.

금붓꽃 사연까지 얘기했으면, 아마 패죽일 듯 달려들었을 것 같다. 전화 끊고 한참 웃었다. ‘고작 600미터’ ‘고작 600미터 계곡’이 유독 강조되어 귓전을 때렸기 때문이다. 그렇지, 예전 같았으면 내가 생각해봐도 한심한 일이다. 하지만 몇 달 전에 감명 깊게 읽은 책을 생각하면 충분한 위로를 받고 남는다.

미국의 저명한 생물학자 헤스켈(David George Haskell)이 쓴 《The Forest Unseen》(역자제목: 숲에서 우주를 보다)인데, 이 저자는 테네시 주에 있는 지름 1.2미터 원 넓이의 숲을 일 년 동안 관찰하면서, 거기에서 느끼고 받은 감성으로 모든 생물·지구·우주까지도 해박한 지식으로 연결, 해석하고 있는 것이다.

특히 그의 글 중에, “지의류가 지구의 육지면적 10퍼센트 이상을 덮고 살고 있다.”와 “우리가 살아있는 것은 우리 안의 다른 생명들 덕분이고, 우리는 거대한 지의류인 것이다.”라는 내용이 절실히 공감되었다. 계곡의 돌과 바위, 나무들에 많이 있는 지의류, 조류와 균류의 공생체들을 만져보면서, 나도 이들 같은 미생물과의 공생체인 지의류이겠다고 생각을 해보던 참이었다.

앉은부채의 초대장
3월 7일 13시30분

계곡 초입에 앉은부채*가 많기도 하고 잎이 크기도 하다. 몇 잎이 짐승에게 뜯긴 자국이 있다. 아마 고라니 짓인 것 같다. 먹을 것 귀할 때, 꽃이 진 앉은부채가 크고 윤기가 자르르 흐르는 잎을 내고 있으니, 오히려 앉은부채가 초대장을 보낸 것 같다.

금붓꽃들은 슬슬 줄기져간다. 계곡 500~600미터 지점에 개체들이 주로 모여 있지만, 오늘 자세히 보니, 계곡 전체에 군데군데 개체수가 많다. 계곡 갈 때마다 마대자루와 집게를 가져간다. 계곡 끝에서 돌아올 때 쓰레기를 수거해 온다. 한 번 주우면 다음엔 없을 듯한데, 낙엽 속에 꾸겨버린 것들이 새로 나온다. 주우면서 남들을 크게 욕하거나 원망하지 않는다. 그저 사정이 있었겠지 생각한다. 몇몇 등산객들이 아는 체 한다. 저번 주에도 쓰레기를 주우며 가는 것을 봤노라고 살갑게 인사 건넨다.

20210307

20210314

20210329

선녀계곡의 물소리

3월 18일 11시40분

금붓꽃 줄기져가는 개체들이 많이 늘었다.

엘레지 밭에는 많은 개체들이 꽃대를 올리고 있다.

드물게 보이는 꿩의바람꽃*은 단정하고 환하다.

오솔길에는 흰털괭이눈*들이 많고 멸가치들도 잎들을 내밀고 있다.

석산리라는 지명에서 알 수 있듯이,

이곳 선녀계곡은 산 쪽도 바위와 돌투성이고,

계곡의 물도 돌과 바위사이를 흐른다.

혼자 걸으면 계곡 물소리가 말을 걸어오는 듯하고,

공기가 매우 청량해서 늘 계곡에게 감사하는 마음이 절로 들곤 한다.

20210324

남가뢰와 뒤영벌
3월 24일 12시50분

금붓꽃 줄기 내민 것들이 두툼해지며, 자꾸 많아지고 있다.

며칠 전에도 오솔길에서 두세 마리 보았던 남가뢰*들이 오늘은 더 많이 보인다. 바쁘게 어딘가로 기어가는 날씬한 수컷과 포동포동한 암컷, 그리고 멸가치 잎을 먹고 있는 암컷에게 붙어 짝짓기 하는 수컷도 보인다.

그렇다! 이 계곡은 남가뢰가 서식하기 좋은 환경이다. 남가뢰 성충은 주로 멸가치 잎을 초식하고, 돌산이라 쥐구멍과 새집들이 많을 수 있는 여건이다.

곤충들에 대해 알고 싶은 것이 많은데, 도감이나 관련 책들만으로는 한계가 있었다. 연초부터 곤충공부 모임에 들어가 한 달에 한 번씩 현장답사하고, 고수들에게 물어가며 배우고 있다. 숲에 절대다수가 곤충들인데 곤충들을 모르고 어떻게 숲 얘기를 할 수 있겠는가?

남가뢰 얘기가 너무 재미있다.

성충으로 월동한 남가뢰는 이른 봄부터 다섯 차례 짝짓기 해서 한 번에 약 2000개의 알을 꽃이 많은 곳 주변 땅속에 낳는다. 그리고 3주후쯤 알에서 유충이 부화한다. 많은 알을 낳느라 힘든지, 성충 암컷과 수컷은 곧 죽는다.

땅속에서 부화한 유충들은 곧 근처의 꽃들에 올라간다. 올라가 뭉쳐있기도 하고 숨어있기도 하는데, 이들은 뒤영벌* 암컷이 풍기는 페로몬(유혹 화학물질)을 흉내 내어 풍겨서 뒤영벌 수컷을 유인하고 그의 털에 달라붙는다.

뒤영벌은 남의 쥐구멍이나 새집에 사는데, 털에 붙어 따라간 남가뢰 유충은 그곳에서 기생하면서, 뒤영벌의 꿀·알·애벌레를 먹고, 여섯 번 탈피하고 나서 번데기가 되고 결국 성충이 되는 것이다.

그런데 그렇게 기생에 성공하는 유충은 극히 소수란다. 대부분의 실패한 유충들은 죽는다. 그렇지 않으면 남가뢰 천지에 뒤영벌은 멸종됐을 테고, 온 자연 생태계가 무너졌을 것이다.

20210405

20210324

남쪽에서 들려온 꽃소식
3월 29일 12시55분

금붓꽃 두툼해진 줄기들이 기하급수적으로 많아졌고, 길이도 13~15센티미터 정도 됐다. 엘레지는 수십 개체 만발했다. 잎 무늬와 꽃이 특이하고 예쁘다. 꿩의바람꽃도 절정의 아름다움을 뽐내고 있다.

계곡에 무척 많은 큰괭이밥*이 피기 시작했다. 고개 숙인 붉은 줄진 하얀 꽃과 반절된 모양의 큰 잎이 멋지다.

오늘 가입해 있는 야생화 관련 밴드에 전라도 광주 쪽 여자 분이 금붓꽃을 찍어 올렸다. 어데서 언제 찍었냐고 구걸하듯 댓글을 달았는데도 알려주지 않는다. 관리자가 나서서 "묻지 않는 것이 예의예요. 한번 알려지면 사람들이 몰려가 쑥대밭이 되요."라고 말한다.

좋은 것은 알려 많은 사람들이 보게 해야 되는 것 아니냐고 반문하고, 진정으로 꽃을 사랑하는 사람들이라면 발끝을 세우고 걷고, 쓰레기도 줍는 등 솔선을 보이면 되지 않겠냐고 했다. 댓글들이 더 달리며 관리자 댓글을 옹호하고 나선다. 나는 언제나 시기와 장소를 덧붙여 글과 야생화 사진을 올렸고, 다들 그러자고 주청했지만 회원들은 대부분 관리자와 같은 생각이다.

다른 것에 신경 쓸 일이 아니다. 내 발등에 불이 떨어졌다.

남쪽 광주 근방에 피었으니, 이곳 북쪽 산골짜기에도 늦어도 2주 후 쯤에는 필 것이다. 바짝 긴장해야 한다.

20210329

20210401

꽃대가 숨겨진 줄기
4월 1일 12시50분 맑음

건강한 금붓꽃 줄기들이 더 두툼해지고,
만져보면 단단해져 있다. 그 안에 꽃대가 있는 것 같다.
오늘 계곡에는 활짝 핀 진달래도 보이고,
여러 종류의 현호색*들도 기지개를 펴고 있다.
꽃 핀 큰괭이밥의 개체 수가 점점 많아지고 있다.
큰 개별꽃*들도 군데군데 피기 시작한다.
얼레지 꽃들은 아직도 멋지고 예쁘다.
오늘부터는 매일 오기로 작정했으니,
계곡에 들고나는 것이 착잡한 마음이 든다.

홍날개와 남가뢰
4월 2일 12시45분 맑음

금붓꽃 줄기들이 더 싱싱하고 두툼하게 커가고 있다.

오솔길 가에 잎의 문양이 특이하고 예쁜 알록제비꽃* 한 개체가 보인다.

급히 도망가는 남가뢰에 바짝 붙어가는 악착같은 홍날개*가 보인다.

남가뢰한테는 자기 보호를 위한 독성물질, 칸타리딘이 관절 사이에 있다.

그런데 홍날개는 그 물질을 스스로 만들 수 없어서 남가뢰한테 얻는다.

그리고 홍날개 암컷은 칸타리딘을 많이 섭취한 수컷하고만 짝짓기를 한다.

홍날개는 짝짓기 전에 초례청에 든 신랑신부처럼 마주보고 선다.

수컷이 섭취한 칸타리딘을 암컷이 맛보게 하고, 섭취량을 재확인하는 절차이다.

자식에게 그 독성물질 인자를 줘서, 안전하게 잘 자라게 하려는 모성애에서다.

그렇게 낳은 홍날개 알은 다른 천적들이 독성 때문에 먹지 않기 때문이다.

그러니 홍날개 수컷들은 날아다니다 칸타리딘 냄새를 맡고 남가뢰를 발견하면,

죽자 살자 달려든다. 신부를 얻기 위해! 태어날 자식을 위해!

홍날개나 사람이나 수컷들은 마냥 바쁘다.

20210402

비에 흠뻑 젖은 금붓꽃
4월 3일 11시50분 비

계곡 입구 쪽에서

등산을 마친 듯한 미국인 열댓 명을 만났다.

뒤에 처져 비와 땀에 범벅이 된 젊은 덩치 큰 남자에게,

정상에 진달래는 잘 보았으며 등산은 어땠냐고 물었다.

그는 고개를 절래절래 흔들며

"very slippery(매우 미끄럽다)."만 연신 반복하면서 간다.

운동화를 신고 비오는 돌산을 등반했으니 그럴 만도 하다.

가끔 젊은 서양인들이 혈기만 믿고 대충하는

행동들을 보면, 가볍게 미소 지어진다.

족도리풀*들도 바닥에 꽃들을 매달고 있는 것이 보이기 시작한다.

꽃이 핀 피나물* 한 개체도 처음 만났다.

금붓꽃들은 비를 맞고 있으니,

줄기가 더 건강해보이고 두툼해 보인다.

20210403

20210404

물이 넘쳐도 금붓꽃을 찾다
4월 4일 12시40분 맑음

어제 내린 많은 비 때문에 하천의 돌 징검다리 위로
물이 넘쳐 흐르고 있었다.
그럴 줄 알고 장화를 챙겨와, 의기양양하게 건너기 시작했다.
하지만 반에 반도 못가서 진퇴양난에 빠지고 말았다.
보기보다 물살이 거세서 앞으로 갈 수도, 뒤로 돌아갈 수도 없었다.
죽지야 않겠지만, 물살에 휘말려 떠내려가게 되면
보통 낭패가 아닐 것 같았다.
버티면서 보니, 옆에 긴 나무토막 하나가 돌 틈에 끼어있는 것이 보였다.
그 나무토막을 힘들게 빼, 물속 큰 돌 사이에 끼우고,
그것을 지지대 삼아 반대쪽으로 점프하다시피 엎어졌다.
그렇게 입구 쪽으로 간신히 나올 수 있었다.
옷은 전부 물에 젖어 물에 빠진 생쥐 꼴이었다.

20210404

잠시 한숨 돌린 뒤,

한 시간여 동안 하천을 따라 내려갔다 올라왔다.

하지만 맞은 편 계곡 쪽으로 건널만한 곳이 없었다.

계곡에 못 들어가는 건 괜찮은데, 만약 금붓꽃이 하나라도 오늘 피었다면

2월부터의 나의 노력은 어떻게 되는가? 암담했다.

물찬 장화를 끌고 타박타박 주차된 곳으로 돌아왔다.

그런데 주차할 때 봤던 옆의 차가 그대로 있었다.

차창에 있는 전화번호로 연락을 했다.

그 분들은 몇 년째 소리산 등산을 다니노라 했고,

이럴 때 우회로가 도로 따라 한참 내려가면

하천을 가로지르는 다리가 나오고, 그 다리 우측으로 내려가

산기슭을 따라가면 징검다리 건너편이 나온다고 알려주면서,

정상에 진달래*가 정말 멋있다고 빨리 오란다. 이렇게 고마울 수가 없다.

가르쳐준 우회로로 계곡에 들어갔고,

계곡 안 몇 군데에도 물이 많아 애 먹었지만 끝까지 다녀왔다.

더 싱싱해진 금붓꽃 줄기들이 오늘따라 더욱더 반가웠다.

조금 과장하면, 죽다가 살아와서 재회하니

정말 더 반갑고 사랑스런 것이다.

지방 제사 걱정
4월 5일 13시50분 맑음

오늘도 하천에 물이 덜 빠져 우회로로 들고 났다. 계곡 안에도 여전히 물이 많다. 계곡의 남산제비꽃*들은 유독 하얀 것 같다. 피나물들도 본격적으로 피고 있다.

금붓꽃들의 더 튼실해진 줄기들이 싱싱하다. 계곡 중간 물가에 앉아 쉬는데, 어제 물에 빠졌던 일과 무작정 건너갈 곳을 찾던 일들이 파노라마처럼 떠오른다. 적지 않은 나이에 어울리지 않은 무모하기 그지없는 일을 했다는 생각이 든다. 달리 생각하면, 약간 무료할 때 금붓꽃이 나에게 이런 열정을 갖게 해줘서 고맙기도 하다.

20210405

20210405

작년에 돌아가신 어머니의 첫 제사가 오는 17일 전라도 광주 본가에서 있다. 제사에는 꼭 가야하니, 금붓꽃이 그때까지 피지 않거나 그때 막 피어 관찰할 것 많으면, 일 년 더 관찰해야겠다고 작정하고 있다. 혹시 금붓꽃이 좀 일찍 꽃을 피우면, 꽃이 피는 중요 순간들을 관찰하고, 제사 당일에도 일찍 계곡에 들렀다 가고, 다음날 일찍 광주에서 돌아와 오후쯤 계곡에 들르면 되는데… 그렇게만 되면 아주 좋은데… 아니면 일 년 더 차분히 관찰해도 나쁘지 않을 것 같다.

드디어 첫 금붓꽃!
4월 6일 13시40분 맑음

친구 둘이 집에 놀러 와서 함께 계곡에 갔다.
아직도 물이 덜 빠져 우회로로 들어갔다.
얼레지는 막바지 꽃들을 피워내며 봄이 가는 것을 아쉬워하는 듯했다.
금붓꽃 줄기들은 며칠 전 충분한 비를 맞아서 그런지
생육상태가 최고인 것 같다. 금붓꽃 개체들은 주로
계곡 시작 70미터 얼레지 밭 주변과 150미터 등산로 시점 근처에
드문드문 있고, 250미터와 350미터 계곡 중간지점에 상당히 많이 있으며,
550미터부터 600미터 계곡 끝 쪽에 군락을 이루어 모여 있다.
오늘도 이렇게 와 봤구나 하고 돌아가려는 순간,
계곡 끝에서 꽃이 핀 금붓꽃 하나를 드디어 만났다.
친구들에게 와서 보라고 고함을 쳤다.
오래된 친구를 만난 듯 뛸 듯이 기뻤다.

올해 4월 6일에 선녀계곡에서 첫 금붓꽃, 꽃을 만났다.

20210406

20210406

20210406

줄기 하나에 꽃 하나
4월 7일 14시45분 맑음

놀러온 친구들과 늦은 점심을 먹고 헤어진 후,
나는 곧바로 계곡으로 갔다.
이젠 물이 많이 빠져
징검다리를 장화신고 거뜬히 건널 수 있었다.
계곡에 꽤 많은 피나물들이 만발하고 있었다.
금붓꽃 주변에도 많아 걱정이다.
금붓꽃보다 큰 노란색 피나물 꽃들이
수분을 도와주는 곤충들을 독차지 할 것 같아서다.
금붓꽃이 이른 봄에 눈에 잘 띄는
노란색 꽃을 피우는 것은 곤충들이 쉽게 알아보고
많이 오라는 전략인데… 더 지켜볼 일이다.
꽃이 핀 금붓꽃 개체들을 날마다 세어볼 참이다.
금붓꽃은 한 개체 한 줄기에서 꽃이 하나씩 피니,
이제부터는 '개체'대신 정감이 더 가는
'송이'로 부르기로 한다.
오늘은 7송이를 더해 8송이가 피어 있다.

20210407

20210407

20210407

20210408

여기저기 터지는 꽃송이
4월 8일 13시40분 맑음

오늘은 계곡 70미터 지점의 2송이를 시작으로
계곡 여기저기에 금붓꽃이 피고 있다.
처음 피었던 꽃도 아직 싱싱하다.
이틀 만에 지는 것이 절대 아니다.
24송이를 더해 총 32송이가 피어 있다.

20210408

20210408

마지막 꿩의바람꽃과 함께
4월 9일 11시 맑음

마지막인 듯한 꿩의바람꽃 한 개체가 보이고,

산달래*도 보인다.

오늘 새로 핀 금붓꽃 꽃은 27송이이다.

그래서 총 59송이가 되었다.

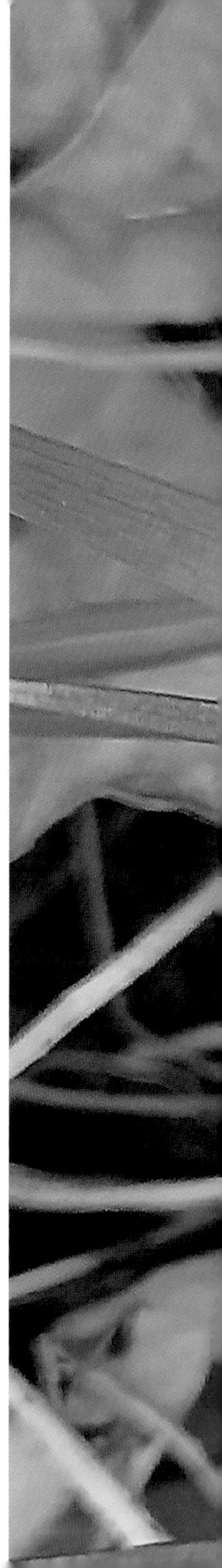

20210409

20210409

20210409

봄의 전령여신이 모여있는, 선녀계곡
4월 10일 13시30분 맑음

꽃들은 본격적으로 피어나니, 오늘은 다해서 252송이가 됐다. 붓꽃과의 영명 IRIS(아이리스나 이리스)가 꼭 붙는다. 그리스 신화의 무지개의 여신, 소식을 전하는 전령여신의 이름을 따서 명명한 것이다. 이는 이른 봄에 일찍 아름답게 피는 꽃들을 특징화한 것이라 생각된다.

연약한 작은 풀 같은 개체에서 이렇게 금빛의 예쁜 꽃들이 봄에 일찍 피어나니, 여신이나 요정보다는 우리 고유정서의 선녀들이 계곡에 사뿐히 내려와 앉은 것 같다는 느낌이 든다. 그래서 개인적으로 이곳을 선녀계곡이라고 부르고 싶은 것이다.

오늘부터는 낚시의자와 루페(확대경)를 가지고 와 꽃들 곁에 바짝 다가앉아 관찰하고 있다.

20210410

20210410

첫 꽃, 5일 만에 시듦
4월 11일 11시15분 맑음

오전 이른 시간에 본 금붓꽃들,

꽃잎이 덜 펴진 것들도 나름 예쁘다.

오솔길에 고깔제비꽃*도 보인다.

첫 꽃은 오늘에야 시들었다.

5일 동안 피어 있었다.

오늘은 총 369송이의 금붓꽃 꽃이 피어 있다.

20210412

20210411

20210411

더이상 꽃을 세지 않으리
4월 12일 15시20분 비

오늘은 비가 세차게 온다.
오전에 세정사 계곡에서 곤충 수업이 있어 늦었다.
우중에 금붓꽃들 보면서 송이 수를 세는데
난감한 일이 한둘이 아니다.
메모지가 젖고, 우산이 나뭇가지에 걸려
발을 헛딛다 금붓꽃 몇 개체를 밟는 등,
혼자 비오는 계곡에서 고군분투하고 있는 것이다.
제일 안타까운 일은 사진을 찍을 수 없는 것이다.
오늘은 총 607송이가 피어 있었다.
앞으로는 꽃송이를 세지 않으려고 한다.
도처에 피어나니 세다가 밟을 수도 있고,
피고지고 하는 중이니 총 개수는 큰 의미가 없을 것 같다.
하지만 곳곳의 금붓꽃들을
요령껏 구분해 세어왔기 때문에
대략 몇 송이일거라는 짐작은 가능할 것 같다.

20210412

20210413

밤새 악천후에 걱정… 괜찮다
4월 13일 13시50분 비 오다 갬

밤새 우박과 거센 비로 금붓꽃들이 괜찮을까 하는 걱정을 하면서 계곡으로 향했다. 징검다리에 물이 넘쳐 우회로로 들고 났다. 입구 쪽 얼레지는 잎에 우박 구멍이 난 채로 열매를 달고 있다. 금붓꽃들은 몇 개체가 상처를 입었지만 대체로 괜찮다. 벌깨덩굴과 큰구슬붕이 몇 개체가 꽃봉오리를 맺고 있는 것이 보인다.

미나리냉이에서 잎을 먹고 있는 좁은가슴잎벌레* 등이 진한 남색으로 반짝이고 있다. 밤새 악천후에도 피어있는 금붓꽃은 700송이 정도로 짐작된다.

20210413

화려한 꽃통로, 작은 곤충만 허락
4월 14일 12시40분 맑음

900송이 정도 피어있는 것 같다. 쪼그려 앉아 금붓꽃에 찾아오는 곤충들을 관찰한다. 파리, 뒤영벌, 호박벌, 갈색무늬노린재* 등 큰 곤충들이 와 보지만 다 허탕치고 돌아간다. 꽃의 구조 때문이다. 길가에 금방 밟힌 꽃 한 송이를 떼서 자세히 보았다. 외화피 작은 꽃잎 3개는 꽃을 크게 보이려는 헛꽃잎이다. 큰 꽃잎 내화피 3개에는 화려한 통로가 있고, 대롱덮개가 덮고 있어서 아주 작은 곤충만 들어갈 수 있다.

연약한 작은 꽃에 큰 곤충들이 들고나면 꽃이 짜부러질 테니 그런 구조를 갖고 있는 것 같다. 들어가는 통로를 화려하고 멋지게 해서 작은 곤충들을 유혹하고 있는 것이다.

20210414

20210414

20210414

그 덮개 안에 양면 칫솔 모양의 암술과 수술이 있다. 흰 솔들이 암술이고, 약간 밝은 검은색이 수술이다. 그 통로를 지나야 액체 샘이 있다. 액체 맛은 소량이어서 그런지 단맛을 못 느꼈지만, 작은 곤충들에게는 꿀일 수 있겠다는 짐작이 간다. 하여튼 암술, 수술 칫솔대를 지나가야만 그 액체 샘에 갈 수 있는 것이다.

꿀을 얻으러 오는 작은 곤충들은 필히 수분을 시켜주는 것이다. 기막힌 수분 전술이다. 꽃이 있으되 시원찮고 내화피 덮개가 들려 있으면 수분이 된 것이고, 꽃 아래 7~8센티미터 줄기를 만져보면 삼각뿔 모양의 씨방이 금세 만져진다.

피나무도 만발하여 계곡이 금붓꽃과 더불어 황금색 향연을 펼치고 있다.

20210414

20210415

절정이여…… 영원하라!

4월 15일 11시30분

천여 송이 정도로 짐작된다.

금붓꽃 꽃은 대체로 4~5일 만에 지는 것 같다.

계속 많이 피고 있고, 일부는 또 지고 있다.

오늘 금붓꽃 꽃들이 생생하게 가장 많이 피어있는 것 같다는 생각이 든다.

금붓꽃 내화피 안에 들고나는 작은 곤충은,
투명하고 작은 유령개미가 많았고, 까맣고 조그만 개미와
작은 날곤충들도 들락거렸다. 또 꽃 주변 몇 군데에 작은 거미가
거미줄을 쳐놓고 날곤충들을 기다리고 있었다. 곁에 있는
많은 피나물 때문에 수분해줄 곤충이 있을까 걱정했는데, 기우였다.
수분해주는 곤충들이 달라서 전혀 문제가 없었다.
오늘의 금붓꽃 꽃핀 것이 절정이라고 생각하니 착잡해진다.
계곡을 나오면서 꽃 핀 모습들을 기억해 두려고 애써본다. 참, 아름답다.
이럴 때 괴테(Goethe)의 〈파우스트(Faust)〉에 나오는,
악마한테 영혼을 내 주기로 한 주문이 떠오른다.

"순간이여, 멈추어라! 정말 아름답구나!"

나도 파우스트처럼, 이 순간이 이대로 멈춰진다면,
악마한테 모든 걸 다 줄 수 있겠다고 호기를 부려본다.

20210420

일주일을 못가는 꽃들
4월 16일 12시30분 매우 흐림

송이 수는 대략

천여 개 정도로 유지되는 것 같다.

대개는 곧 지겠지만,

아직도 새로 피고 있는 꽃들이 많다.

큰구슬붕이 몇 개체가 꽃봉오리를 맺고 있다.

20210416

20210416

내화피 덮개는 곤충의 문
4월 17일 07시15분 맑음

이렇게 일찍 와본 것은 처음인데,
계곡 안은 서늘하다 못해 춥다.
꽃핀 이스라지* 한 그루 만났다.
금붓꽃 꽃들은 이미 수분돼
내화피 덮개를 쳐들고 있는 것들과
막 피어나 내화피 덮개를 야무지게 내려닫고
곤충들을 기다리고 있는 것들이 다양하게 섞여 있다.
아직도 천여 송이 정도로 짐작된다.
평생 이 못난 아들 일이라면 노심초사하고 사셨는데,
돌아가신 어머니가 또 보살펴줘서,
금붓꽃 관찰이 차질없이 잘 진행되는 것 같다.
산소 벌초하고, 제사지내고 오려고 일찍 나섰다.

20210417

20210418

축제같은 제사를 다녀오다
4월 18일 14시30분 맑음

맛깔나는 전라도 음식 몇 끼 먹고,
오랜만에 형 내외와 누이 그리고 많은 조카들을 보니
고향에 온 정취가 난다.
근처에 사는 아들과 며느리,
또 세상에서 제일 예쁜 손주까지 같이 했으니,
축제 같은 제사를 지내고 온 듯하다.
천국에 계실 어머니도 그렇게 다들 모여
당신을 기억해주며, 즐기는 제사를
지내주길 바라셨을 것 같다.
금붓꽃 꽃이 200여 송이 정도 줄어든 것 같다.
슬슬 져가는 것이다.

곤충과의 이심전심
4월 19일 14시20분 맑음

금붓꽃 꽃 많이 줄어,
이제는 500송이 정도다.
금붓꽃은 수분이 되면
내화피 통로 덮개를 들어올린다.
곤충들에게,
“나는 수분이 됐으니 다른 친구들에게 가서 도와줘!
나는 이제 꿀도 없어!”
하고 외치는 듯하다.
곧 헤어져야 되나 해서
금붓꽃 사진을 많이 찍게 된다.
앵초*도 보이고 큰구슬붕이도 본격적으로 피고 있다.

20210419

20210419

20210419

금붓꽃은 지고, 개별꽃은 피고
4월 20일 11시50분 맑음

금붓꽃 꽃은 이제 300송이 정도 남았다.
늦게 피는 꽃들은
무럭무럭 키를 키우는 옆 줄기들에 약간 가려져 있다.
피나물도 슬슬 져가는 끝물이다.
개별꽃들 막 피어나고,
큰구슬붕이는 자태를 뽐내가고 있다.

20210420

20210420

20210420

꽃지는 모습도 담는 착잡함
4월 21일 12시20분 맑음

계곡 200미터 지점에 당개지치 열댓 개체가 있고,
오늘부터 꽃을 피우고 있다.
벌깨덩굴은 이제 꽃이 머물었다.
꽃이 진 금붓꽃 모습을 카메라에 담으며
착잡한 심정을 달래보기도 한다.
금붓꽃 꽃은 이제 150송이 정도 남았다.

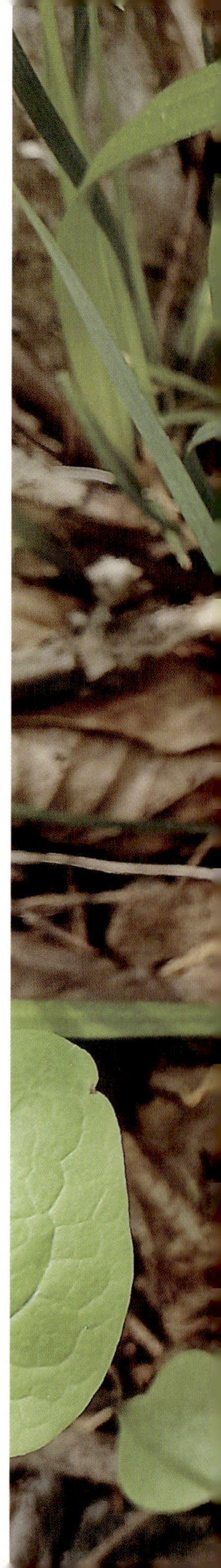

20210421

20210421

20210421

다른 야생화들 피어나며 금붓꽃 배웅하다
4월 22일 14시20분 맑음

하천 징검다리를 건너는데 은은하고 맑은 꽃 향이 너무 좋다. 둘러보니 야광나무 환한 흰 꽃들이 만발해 있다. 오늘 일시에 핀 것이다. 물가에서 있는 듯 없는 듯 있다가, 요맘때 며칠 자기 존재를 한껏 과시하는 야광나무, 참 매혹적인 나무이다.

금붓꽃 꽃은 50송이만 피어 있다. 벌깨덩굴 꽃이 피기 시작했다. 많은 큰구슬붕이 개체들이 본격적으로 꽃피운다. 550미터 지점에서 한 개체 백작약*을 만났는데, 그 꽃 속에서 봄산하늘소*가 한가롭게 놀고 있다.

이렇게 다른 많은 야생화들이 이제 피기 시작하는데, 나는 금붓꽃 꽃들과 곧 헤어져야 한다.

20210422

천여 송이 중 20여 송이 남아
4월 23일 13시03분 매우 흐림

참꽃마리 꽃들이 도처에 피기 시작했다.

큰괭이밥의 잎과 열매도 보기 좋다.

금붓꽃 꽃은 이제 20여 송이만 남았다.

20210423

오늘도 남가뢰는 바쁘고…
4월 24일 14시15분 맑음

오솔길에서 만난 남가뢰는

아직도 짝을 찾는지 바쁘게 기어간다.

금붓꽃 꽃,

오늘은 10송이만 남았다.

20210424

20210424

20210424

설마 이게 마지막 꽃일까
4월 25일 13시15분

계곡 입구에 있는

야광나무 꽃의 향은 아직도 좋고,

오솔길 가에 있는 병꽃나무 꽃 향들도 은은하다.

큰구슬붕이 꽃들은 만발해간다.

계곡 350미터 지점에

금붓꽃 꽃 딱 한 송이만 남아있다.

그것도 수분이 돼 내화피 덮개가 들려있으니

곧 질 것이다.

20210425

최후의 꽃이, 우주에 떨어졌다
4월 26일 09시15분 맑음

좋아하는
야광나무의 꽃도 향도 곧 질 것이다.
그리고, 그리고 마지막 금붓꽃 한 송이 지고나면,
여러 계절을 지나 막막하고 긴긴
시간을 기다려야 한다.
어쩌랴, 이것이 자연의 이치고 세월인 것을…

마지막 한 송이가 오늘 졌다.

20210426

맺는 말

선녀계곡에서의 금붓꽃 사랑…
남은 여생 동안 결코 못 잊을듯

6월이 되니, 금붓꽃 씨들이 튕겨나간 씨방 모습들이 보인다. 말라 오그라진 낮은 씨방에서 씨가 퍼져 나가니, 거의 지면 높이에서 근처에만 씨를 퍼트리는 것이다.

선녀계곡에서 금붓꽃과 함께 지낸 올 봄은 남은 여생동안 결코 잊지 못할 것 같다. 이제와 다시 생각해봐도 내가 금붓꽃과 같이 있었는지, 선녀들과 함께 있었는지 구분이 잘 안된다. 지금도 가끔 들르는데, 금붓꽃 개체 수가 배는 는 것 같다. 그렇다면 내년 삼월말 사월초에는 선녀계곡에 금붓꽃이 적어도 1,500개체 정도가 한창 때 꽃을 피울 것 같다.

대한민국 특산, 희귀 야생화인 금붓꽃이 이렇게 많은 곳은 아마 드물 것이다. 좋고 귀한 야생화는 세상 모든 사람들에게 알려, 함께 보게끔 하자는 것이 내 평소 지론이다. 내년 봄에는 선녀계곡에 꼭 와서 금붓꽃, 선녀들을 만나보기를 간곡히 권한다.

부록 附錄

1. 야광나무
2. 얼레지
3. 멸가치
4. 벌깨덩굴
5. 참꽃마리
6. 당개지치
7. 미나리냉이
8. 큰구슬붕이
9. 병꽃나무
10. 신나무
11. 졸방제비꽃
12. 개고사리
13. 앉은부채
14. 꿩의바람꽃
15. 흰털괭이눈
16. 남가뢰
17. 뒤영벌
18. 큰괭이밥
19. 현호색
20. 개별꽃
21. 알록제비꽃
22. 홍날개
23. 족도리풀
24. 피나물
25. 진달래
26. 남산제비꽃
27. 산달래
28. 고깔제비꽃
29. 좁은가슴잎벌레
30. 갈색무늬긴노린재
31. 이스라지
32. 앵초
33. 백작약
34. 봄산하늘소

본문에 나오는 꽃 식물 곤충 등의 기본정보를 수록했습니다. — 편집자주

1. 야광나무

작은 가지 끝에 모여서 핀다. 밤에도 꽃이 빛난다고 야광(夜光)나무이다. 장미과의 낙엽 활엽 소관목으로, 줄기가 곧거나 조금 굽어져서 높이가 12m 정도 자란다. 주로 산 100~1,700m 고지의 양지바른 기슭이나 숲속, 습한 골짜기에서 서식한다. 꽃은 5월에 작은 가지 끝에 흰색 또는 연분홍빛 도는 흰색으로 핀다. 한 꽃에 암술과 수술이 함께 나오며 4~6송이가 달린다. 꽃잎은 4~5장이다.

2. 얼레지

얼레지는 외떡잎식물로 백합과의 여러해살이 풀이다. 고지대의 숲속 그늘 등에 서식하며, 잎은 달걀모양의 타원형으로 녹색 바탕에 자주색 무늬가 있다. 높이는 25cm 안팎이며, 꽃은 4~5월에 꽃줄기 잎 사이에서 나와 끝에 1개의 꽃이 밑을 향해 핀다. 꽃잎은 6개이며 뒤로 말리고 자주색이다. 꽃에 얼룩덜룩한 무늬가 있어 얼레지라는 이름이 붙여졌다. 꽃말은 '질투'이며, 한국·일본 등지에 분포한다.

3. 멸가치

우리나라 각처의 산이나 들에서 자라는 다년생 초본이다. 쌍떡잎식물 초롱꽃목 국화과의 여러해살이풀이다. 주로 음지의 습한 지역에서 자란다. 키는 50~100㎝가량이고 잎은 삼각형 심장형으로 길이는 7~13㎝, 폭은 11~22㎝이다. 줄기는 곧게 서고 짧은 뿌리줄기에서 1대의 원줄기가 나와 50~100cm로 자라고 가지가 갈라진다. 잎 가장자리가 깊게 파여 톱니가 있고, 꽃은 흰색에서 연한 붉은색으로 변하고 지름은 약 0.5㎝이다.

4. 벌깨덩굴

높이 15~30cm로 산지의 그늘진 곳에서 자란다. 꿀풀과의 여러해살이풀로 줄기는 사각이고 5쌍 정도의 잎이 달린다. 꽃은 5월에 자줏빛으로 피고 윗부분의 잎겨드랑이에서 나와서 한쪽에 2~6개 달린다. 길이 4~5cm로서 통부가 길고 갑자기 굵어진다. 아래쪽 꽃잎의 가운데 갈래조각은 특히 크고 옆 갈래 조각과 함께 짙은 자주색 점이 있으며 긴 흰색 털이 난다. 4개의 수술 중 2개가 길다. 한국(제주도)·일본·중국 북동부 등지에 분포한다.

5. 참꽃마리

속씨식물, 쌍떡잎식물이며 한국·일본·중국 동북부·아무르 등지에 분포한다. 산과 들의 습기가 있는 곳에서 자란다. 줄기는 뭉쳐나고 곧게 서며 높이 10~15cm로 자란 다음 지면을 따라 뻗고 전체에 잔털이 있다. 꽃은 5~7월에 연한 남색으로 피고 줄기 윗부분의 잎겨드랑이에 달린다. 작은 꽃자루는 길이가 1~2cm이고, 꽃받침은 5개로 갈라지며 갈라진 조각은 바소꼴이다. 꽃이 진 다음 길이 2.5~7mm까지 자란다.

6. 당개지치

쌍떡잎식물 꿀풀목 지치과의 여러해살이풀이다. 우리나라 중부 이북의 산지에서 자라며, 키는 약 40㎝가량 되고 잎은 마주나며 표면과 가장자리에 긴 백색털이 있다. 위로 올라가면서 잎 몸이 자라 원줄기를 감싸고, 끝에서는 5~7개의 잎이 돌아가면서 난 것처럼 보인다. 꽃은 지름 1㎝ 정도로 5~7개의 자주색으로 피고 잎 사이 줄기에서 뻗어 나온다. 수술은 5개로 짧으며 암술대는 1개로 길게 밖으로 빠져나와 있다.

7. 미나리냉이

쌍떡잎식물 양귀비목 겨자과의 여러해살이풀로 산지의 그늘진 곳에서 자란다. 줄기는 높이 50cm까지 자라며 곧게 선다. 윗부분에서 가지가 갈라지고 전체에 부드러운 털이 난다. 잎은 어긋나며 작은 잎이 5~7개인 깃꼴겹잎이고, 잎자루가 길이 15cm 정도로 길다. 꽃은 4~7월에 피며, 꽃받침 조각과 꽃잎이 4장씩 달리고 꽃잎은 길이 8~10mm쯤 되는데 꽃받침보다 2배 또는 그 이상 길다.

8. 큰구슬붕이

전국 산지의 풀밭에 분포하는 쌍떡잎식물 용담목 용담과의 두해살이풀이다. 줄기는 높이가 5~10cm로 곧게 서고, 모가 난 줄과 잔 돌기가 있다. 잎은 마주나고 길이 5~12mm의 달걀 모양 또는 넓은 달걀 모양이다. 5~6월에 자주색으로 피는 꽃은 줄기와 가지 끝에 몇 개씩 모여 달린다. 꽃받침은 통 모양이고 길이가 5~7mm이며 끝이 통 부분의 반까지 깊게 갈라진다. 꽃이 진 다음에도 화관은 떨어지지 않고 열매 표면에 남아 있다.

9. 병꽃나무

쌍떡잎식물 인동과의 낙엽활엽관목이다. 한국 특산종으로 전국에 분포한다. 주로 산지 중턱 이하의 숲 속에서 자라며, 높이는 2~3m이다. 줄기는 연한 잿빛이지만 얼룩무늬가 있고, 잎은 타원형으로 끝이 뾰족하다. 5월에 병 모양의 꽃이 1~2개씩 잎겨드랑이에 달린다. 꽃받침은 밑까지 완전히 5개로 갈라지며 털이 있다. 처음부터 붉은 꽃이 피는 것을 붉은병꽃나무, 흰색으로 피는 것을 흰병꽃나무라 한다.

10. 신나무

단풍나무과의 낙엽소교목으로 산과 들에서 자란다. 다른 단풍나무와 달리 잎이 깊이 파이지 않은 형태를 보인다. 높이 약 8m이다. 나무껍질은 검은빛을 띤 갈색이며 전체에 털이 없다. 잎은 마주나고 세모진 타원형이거나 달걀 모양이며, 밑부분이 흔히 3개로 갈라진다. 꽃은 5~7월에 노란빛을 띤 흰색으로 피고 복산방꽃차례(複揀房花序-편평꽃차례가 2개 이상 모여 있는 꽃차례)에 달린다. 꽃잎은 타원 모양이며 각각 5개씩이다. 번식은 종자로 한다.

11. 졸방제비꽃

제비꽃과의 여러해살이풀로 주로 산록의 양지에서 무더기로 자란다. 줄기는 높이 20~40cm로 몇 대가 뭉쳐서 곧게 서며 전체에 털이 다소 있다. 잎은 어긋나기 하며 삼각상 심장 모양으로 가장자리에 둔한 톱니가 있다. 5~6월에 원줄기 윗부분의 잎겨드랑이에서 길이 5~10cm의 화경이 나와 백색 또는 연한 자줏빛이 도는 꽃이 달린다. 백색꽃의 입술모양꽃부리에 자주색 줄이 있다.

12. 개고사리

양치식물 고사리목 면마과의 여러해살이 풀이다. 산과 들의 습지에서 자란다. 키는 45~70cm이다. 뿌리줄기는 지름 2~3mm로 가늘고, 옆으로 길게 기며, 잎이 드문드문 나오고 적갈색이다. 비늘조각은 막질이고, 길이 4~6mm이며 피침형이다. 잎자루는 길이가 20~40cm이고, 볏짚색이며, 우축과 더불어 붉은 자색을 띤다. 잎은 영양엽과 포자엽이 뚜렷한 2가지 모양이다. 어린잎은 잎자루와 함께 식용한다.

13. 앉은부채

산지의 응달에서 자라는 외떡잎식물 천남성목 천남성과의 여러해살이풀이다. 줄기는 없고, 뿌리줄기에서 짧고 끈 모양의 뿌리가 나와 사방으로 퍼진다. 잎은 뿌리에서 뭉쳐 나오고 길이 30~40cm의 둥근 심장 모양이다. 꽃은 양성으로 3~5월에 잎보다 먼저 핀다. 둥근 달걀 모양이고 항아리 같으며 육질이다. 한쪽으로 열리며 갈색을 띤 자주색이고 같은 색의 반점이 있다. 열매는 둥글며 모여 달리고 여름에 붉은 색으로 익는다.

14. 꿩의바람꽃

주로 숲속에서 자라는 쌍떡잎식물 미나리아재비과의 여러해살이풀이다. 뿌리줄기는 옆으로 뻗어나가며 길이는 1.5~3cm, 육질은 굵은 편이다. 높이가 15~20cm의 꽃줄기에서 꽃은 4~5월에 핀다. 흰빛에 약간 자줏빛이 돌고 지름이 3~4cm이며, 꽃줄기 위에 한 송이가 달린다. 꽃에는 꽃잎이 없고 8~13조각의 꽃받침이 꽃잎처럼 보인다. 꽃받침조각은 길이 2cm 정도의 긴 타원 모양이다. 수술대는 길이가 5~8mm이며, 꽃밥은 흰색이다.

15. 흰털괭이눈

쌍떡잎식물 장미목 범의귀과의 여러해살이풀이다. 높이는 10~20cm 정도이며, 잎은 1~3cm, 폭 0.8~2cm로 마주나고 잎자루가 있으며 둥글거나 선형이다. 잎의 가장자리에 규칙적인 털이 있으나 뒷면에는 털이 없다. 잎줄기의 윗부분에는 흰 털, 밑 부분에는 갈색 털이 있고 4~6월에 황록색 꽃이 핀다. 열매는 길이 6mm 정도고 2개로 갈라지는 삭과(果)로 7월에 익으며 주로 산의 습지에서 자란다.

16. 남가뢰

가뢰과의 곤충이며 검은색에 약간 파란 빛을 띈다. 벌에게 기생한다. 애벌레는 엉겅퀴에서 꿀을 먹으러 온 뒤영벌, 꽃벌 등의 몸에 붙어서 벌의 집에 간다. 집에 도착한 가뢰 애벌레들은 벌의 꿀과 벌의 알을 먹으면서 자라며, 7번의 허물을 벗고 어른벌레가 된다. 이는 생존을 위한 방법으로 벌의 집에 가지 못하거나, 도착했다고 해도 먹지 못하면 죽는다. 어른벌레는 초식곤충이다. 독성을 가지고 있으며 위급 상황에서 다리 관절 사이로 칸타리딘이라는 독소를 뿜는다.

17. 뒤영벌

벌목(膜翅目) 꿀벌과의 곤충으로 몸길이는 약 14.5mm이다. 몸 빛깔은 암황색 또는 담갈색이며, 길고 고르지 못한 털로 덮였다. 배 위에 황색 털이 있는데 주로 앞과 꼬리에 있다. 중앙구는 암색이고 모양이 일정하지 않은 띠를 가졌다. 일벌과 수컷은 여왕벌보다 작고 더듬이의 채찍마디는 길고 각 마디는 밑면이 부풀어 있다. 성충은 6~7월에 나타난다. 애벌레시기에 뒤영벌의 알과 꿀을 먹고 자라는 남가뢰의 숙주이다.

18. 큰괭이밥

쌍떡잎식물 쥐손이풀목 괭이밥과의 여러해살이풀. 깊은 산 숲속에서 자란다. 높이 약 20cm이다. 잎은 뿌리에서 나는데, 길이 10~25cm의 잎자루 끝에서 3개의 작은 잎이 옆으로 퍼져난다. 작은 잎은 거꾸로 된 삼각 모양이며, 길이 약 3cm, 나비 4~6cm이다. 꽃은 4~6월에 노란빛을 띤 흰색으로 피는데, 꽃자루 끝에 1개씩 달리고 꽃 밑에 포가 있으며 꽃받침은 5갈래로 갈라진다. 꽃잎은 5개로서 긴 달걀 모양이고 길이 13~15mm이다.

19. 현호색

쌍떡잎식물 양귀비목의 다년생 식물이다. 산록의 습기가 있는 곳에서 잘 자라며, 덩이줄기는 지름 1cm 정도이고 여기서 나온 줄기는 20cm 정도이다. 밑부분에 포 같은 잎이 1개 달리며, 거기서 가지가 갈라진다. 어긋난 잎은 잎자루가 길며 1~2회 3개씩 갈라진다. 갈래조각은 도란형이고 윗부분이 깊게 또는 결각상으로 갈라지며 가장자리에 톱니가 있고 뒷면은 분백색이다. 꽃은 4월에 피고 연한 홍자색이다.

20. 개별꽃

산지의 나무 밑에서 주로 자라는 쌍떡잎식물 중심자목 석죽과의 여러해살이풀이다. 들별꽃이라고도 한다. 높이는 10~15cm이고, 줄기는 1~2개씩 나오고 흰 털이 난다. 잎은 마주나고 길이 10~40mm, 너비 2~4mm이다. 5월에 잎겨드랑이에서 꽃대가 나와 1개의 흰색 꽃이 달린다. 꽃받침은 5개이고 꽃잎도 5개로서 달걀을 거꾸로 세워 놓은 모양이며 길이 6mm 정도이다. 어린 줄기와 잎은 식용한다.

21. 알록제비꽃

쌍떡잎식물 제비꽃과의 여러해살이풀이다. 청자오랑캐, 청알록제비꽃, 알록오랑캐, 얼룩오랑캐라는 다른 이름이 있다. 높이는 6cm 정도로 원줄기가 없고, 잎은 뿌리에서 모여난다. 잎의 길이와 폭은 각각 2.5~5cm로 넓은 심장 모양이다. 잎이 두껍고 양면에 털이 나 있다. 5월에 자주색 꽃이 잎 사이에서 나온 긴 꽃줄기 끝에 하나씩 핀다. 열매는 삭과(果)이다. 한국의 산지에 고루 분포한다.

22. 홍날개

딱정벌레목 홍날개과의 곤충. 몸길이 13~17mm이다. 머리와 눈 사이 앞쪽에 가로홈이 있는데, 암컷은 얕고, 수컷은 깊다. 작은방패판은 뒤쪽이 약간 둥글다. 딱지날개(굳은날개)는 붉은색 털이 촘촘히 나고 등 면에 가는 세로줄이 많이 있다. 유충은 넘어진 나무의 나무껍질 안에서 월동한다. 이른 봄에 번데기가 되었다가 성충으로 점차 변해간다. 한국·일본·사할린섬·쿠릴열도 등지에 분포한다.

23. 족도리풀

산지의 나무그늘 등에서 자라는 쌍떡잎식물 쥐방울덩굴과의 여러해살이풀이다. 뿌리줄기는 마디가 많고, 옆으로 비스듬히 기는 마디에서 뿌리가 내린다. 뿌리줄기는 길이 5~20cm, 지름 0.1~0.2cm이고 마디사이는 길이 0.2~1cm이다. 잎은 보통 2개씩 나오고 긴 자루가 있으며 심장 모양으로 나비 5~10cm이고 가장자리가 밋밋하다. 꽃은 4월에 홍자색으로 피고 잎 사이에서 꽃대가 나와서 끝에 1개의 꽃이 옆을 향하여 달린다.

24. 피나물

쌍떡잎식물 양귀비목 양귀비과의 여러해살이풀로, 깊은 산 숲속 습기가 많은 곳에서 잘 자란다. 뿌리줄기는 짧고 굵으며 여기서 잎과 꽃줄기가 나와서 높이 30cm 내외로 자라고 자르면 노란빛을 띤 붉은색 유액이 나온다. 잎은 깃꼴겹잎이고 작은 잎은 넓은 달걀 모양이며, 가장자리에 불규칙하고 깊게 패어진 톱니가 있다. 뿌리에서 나온 잎은 잎자루가 길고 줄기에서는 어긋나며 5개의 작은 잎으로 되어 있다.

25. 진달래

전국 산야에서 무리지어 자라며, 높이는 2~3m이고 줄기 윗부분에서 많은 가지가 갈라진다. 작은가지는 연한 갈색이고 비늘조각이 있다. 꽃은 4월에 잎보다 먼저 피고 가지 끝 부분의 곁눈에서 1개씩 나오지만 2~5개가 모여 달리기도 한다. 화관은 벌어진 깔때기 모양이고 지름이 4~5cm이며 붉은빛이 강한 자주색 또는 연한 붉은 색이고 겉에 털이 있으며 끝이 5개로 갈라진다. 참꽃 또는 두견화라고도 하며, 한국·일본·중국 등지에 분포한다.

26. 남산제비꽃

남제비꽃과에 속하는 여러해살이풀이다. 서울 남산에서 처음 발견되어 남산제비꽃이라 한다. 주로 산지에서 자란다. 잎은 완전히 3개로 갈라지고 옆쪽 잎이 다시 2개씩 갈라져 마치 5개로 보인다. 턱잎은 줄 모양으로 넓으며 밑부분이 잎자루에 붙는다. 4~6월에 흰색 꽃이 피는데, 꽃잎 안쪽에 자주색 맥이 있다. 꽃은 잎자루 사이에서 몇 개의 가는 대가 나와서 그 여러 줄기 끝에 큰 꽃이 1개씩 달린다. 한국·일본 등지에 분포한다.

27. 산달래

외떡잎식물 백합목 백합과의 여러해살이풀이다. 산과 들에서 자라며 높이는 40~60cm이다. 포기 전체에서 마늘 향이 난다. 비늘줄기는 넓은 달걀 모양이며 지름 1.5cm 정도이고 늦가을에 잎이 나와서 겨울을 지낸다. 외피(外皮)는 보통 좀 굳고 세로로 가늘고 긴 섬유로 갈라진다. 꽃은 5~6월에 연한 붉은빛을 띤 자주색으로 피고 10여 개가 꽃줄기 끝에 산형꽃차례로 달린다. 꽃줄기 아랫부분에 2~4개의 잎이 달린다. 연한 포기 전체를 식용한다.

28. 고깔제비꽃

쌍떡잎식물 제비꽃과의 여러해살이풀로 높이는 약 15cm이다. 땅위줄기는 없고 땅속줄기는 통통하며 마디가 있다. 잎은 뿌리에서 2~5개가 모여서 나며 심장 모양을 이룬다. 4~5월에 붉은 자주색 꽃이 잎 사이에서 나온 가는 꽃대 끝에 매달려 핀다. 꽃잎은 좌우대칭이고 옆쪽 갈래조각에 털이 약간 나며, 꿀주머니는 짧고 달걀 모양이다. 꽃받침조각은 5개이고 긴 타원형이며 끝이 뭉뚝하다. 수술은 5개이고 씨방 1개와 암술대가 있다.

29. 좁은가슴잎벌레

딱정벌레목 잎벌레과로 몸은 뭉툭한 편이고, 어두운 회색에 약간 누런빛을 띤다. 몸길이는 3.3~4.0mm 정도이며, 몸에 털이 난 부분은 약간 솟아서 돌기가 된다. 보통 잎 하나에 모여서 먹이를 먹는데, 다양한 나이의 애벌레와 어른벌레가 동시에 보이기도 한다. 하우스에 재배하는 배추나 무의 해충이다. 성충은 5~6월에 활동하며 6월에 줄기에 엽병에 상처를 내어 그 속에 알을 산란. 유충은 잎을 먹으며 2회 탈피. 연 2~3회 발생한다.

©국립생물자원관

30. 갈색무늬긴노린재

노린재목(半翅目) 긴노린재과의 곤충으로 몸길이는 5~6mm이다. 머리는 검은색이고 정수리의 맨 끝부분은 갈색을 띤다. 겹눈은 검은색이고 촉각(더듬이)의 제1·2마디는 갈색, 제3·4마디는 흑갈색이나 제3마디의 기부와 제4마디의 끝부분은 갈색이다. 앞가슴등판은 검은색이다. 중앙에서 약간 잘록하며, 옆 가장자리는 편평하고 가늘게 주위로 둘려져 있으며, 연한 노란색이고, 뒤의 옆모서리 부분은 갈색을 띤다.

©국립생물자원관

31. 이스라지

쌍떡잎식물 장미목 장미과의 낙엽관목이며 주로 산지에서 자란다. 높이는 약 1m이다. 긴 타원형 모양의 잎 뒷면 맥 위에 잔털이 나고 가장자리에 잔 겹톱니가 있다. 꽃은 5월에 잎보다 먼저 또는 잎과 같이 잎겨드랑이에 피고, 연한 붉은색이며 2~4개씩 산형꽃차례로 달린다. 꽃받침조각은 잔톱니와 털이 난다. 수술은 꽃잎보다 짧고 암술대에는 잔털이 나며 씨방에는 털이 없다. 열매는 둥근 모양의 핵과로서 7~8월에 앵두같이 붉게 익는다.

32. 앵초

쌍떡잎식물 앵초목 앵초과의 여러해살이풀이다. 산과 들의 물가나 풀밭의 습지에서 잘 자란다. 줄기는 곧게 서며 길이 20㎝에 달한다. 잎은 뿌리에서 뭉쳐나고 길이 4~10cm의 달걀 모양 또는 타원 모양이다. 잎 표면에 주름이 있고, 잎자루는 잎몸보다 2~3배 길다. 꽃은 4~5월에 붉은빛이 강한 자주색으로 피고 잎 사이에서 나온 높이 15~40cm의 꽃줄기 끝에 산형꽃차례를 이루며 5~20개가 달린다.

33. 백작약

쌍떡잎식물 미나리아재비목 속씨식물로 강작약이라고도 한다. 높이는 40~50cm로 뿌리는 굵고 육질이며 밑부분이 비늘 같은 잎으로 싸여 있다. 잎은 3~4개가 어긋나고 3개씩 2번 갈라진다. 작은 잎은 긴 타원형이거나 달걀을 거꾸로 세워놓은 모양으로 가장자리가 밋밋하며 털이 없다. 꽃은 6월에 흰색으로 피고 지름 4~5cm이며 원줄기 끝에 1개씩 달린다. 꽃받침조각은 달걀 모양이며 3개, 꽃잎은 달걀을 거꾸로 세워놓은 모양이고 5~7개이다.

34. 봄산하늘소

몸의 길이는 8~10mm로 성충은 5월 초순에 발생하여 6월 초순까지 활동한다. 두부와 앞가슴 등판은 검은색이고, 딱지날개의 색깔변이가 심하다. 검은색바탕의 노란색의 가로대가 있기도 하고, 노란색 바탕의 검은색의 무늬가 있기도 하다. 중북부 산림지대에 폭넓게 분포하며 남부지방의 산지에서 발견되기도 한다. 성충은 주로 정오무렵에 양지 꽃에 날아와 먹이활동을 하며, 빠르게 산길을 비행하는 모습도 자주 눈에 띈다.

ⓒ국립생물자원관

저자 소개

김성호

1954년 광주광역시 출생

연세대 중국문학과 학사

한성대 사회복지학과 석사

현재 양평군 단월면 거주, 연성해운(주) 대표이사, 숲해설가

숲속에 핀 우리 야생화

선녀금붓꽃

인쇄일 2021년 10월 18일
발행일 2021년 10월 27일

지은이 김성호

발행인 이경현
발행처 청파랑
신고번호 제302-1961-000002호
주소 서울시 용산구 청파로 63길 3(청파동1가)
대표전화 02-701-0110
팩스 02-701-1991

정가 18,000원

ISBN 978-89-7132-824-8 03810

• 청파랑은 (주)천원사의 임프린트입니다.
• 잘못된 책은 구입하신 서점에서 바꾸어 드립니다.